Wie schön ist doch der Frühling! Dieser Gedanke kommt mir immer wieder, wenn ich in dieser Jahreszeit spazieren gehe, die warmen Sonnenstrahlen genieße und die ersten Blumen bewundere. Dann spüre ich alle Lebensgeister zurückkehren, die mir im tristen Einheitsgrau des Winters abhanden gekommen sind.

Auf meinen Spaziergängen habe ich auch oft den Eindruck, dass ich dieses Gefühl der fröhlichen Ausgelassenheit mit der Tierwelt teile: Die Vögel singen nach Herzenslust, die Bienchen summen um die Wette und die Schmetterlinge gaukeln durch die Luft, dass es eine Lust ist zuzuschauen.

Diese Beobachtungen haben mich zu den Motiven in diesem Buch inspiriert. Ob es nun die Frösche sind, die einen lustigen Eiertanz zum Besten geben, die Hasen, die zu einer Ballonfahrt aufgebrochen sind, oder die tanzenden Hühner: Alle sind in bester Frühlingslaune. Ich hoffe, Sie lassen sich von dieser Fröhlichkeit anstecken und wünsche Ihnen viel Spaß beim Basteln.

Angelika Kipp

Kleine Flugkünstler

mit Kronen zur Feier des Frühlings

1 Zuerst die Vorlagen übertragen und alle Einzelteile ausschneiden. Gesichter und Muster aufmalen. Dann die Wangen röten, damit die Bienchen eine gesunde Farbe erhalten.

2 Bei zwei Bienen wird die Trennlinie zwischen den Flügeln mit schwarzem Filzstift eingezeichnet. Nun zuerst den Kopf auf den Körper setzen, Arme und Beine ergänzen und

dann die Flügel aufkleben. Zuletzt erhält jede Biene ein Krönchen.

3 Die Bienen werden wie auf dem Foto gezeigt an der Innenseite der Wäscheklammern angeklebt und können z. B. einfach an den Osterstrauß geklammert werden.

MOTIVHÖHE

ca. 8,5 cm bis 12 cm

MATERIAL

* Fotokartonreste in Gelb, Orange, Grau, Schwarz und Eosin
* 3 Holzwäscheklammern in Gelb, 6 mm breit, 4,5 cm lang

VORLAGE

Bogen 1A

Schauen Sie genau:
Auf diesem Bild gibt es viel zu entdecken.
Ob Schmetterling, Sonne oder Vogel: auf alle Details wurde viel Sorgfalt verwandt.

Über den Wolken

fröhliche Ballonfahrt

MOTIVHÖHE
Ballon mit Hase und Herz ca. 50 cm

MATERIAL
* Fotokarton in Blau, 60 cm x 40 cm
* Fotokarton in Lila, A3
* Fotokarton in Weiß, Hell- und Dunkelorange, A4
* Fotokartonreste in Gelb, Rot, Eosin, Hell- und Dunkelrosa, Meergrün, Hellgrün, Hell- und Mittelblau sowie Himmelblau
* 3 Strasssteine in Silber, ø 2 mm

VORLAGE
Bogen 1B

1 Alle benötigten Einzelteile aus Fotokarton ausschneiden. Gesichter und Muster aufmalen und die Wangen röten.

2 Nun wird der Ballon samt dem Korb, den Punkten und der Blume zusammengefügt. Die Figuren wie auf der Abbildung gezeigt positionieren – die Arme dabei vorerst weglassen, da sie andere Motivteile überdecken.

3 Die Kordeln und das grüne Band samt Teddy am Korb ergänzen. Jetzt können auch die Hasenarme am Korb befestigt und der Ballon mit kleinen Details wie Marienkäfer und Schmetterling dekoriert werden. Das Herz unten rechts einfach zwischen die Pfoten des Hasen schieben, festkleben und mit drei Strasssteinen verzieren.

4 Das fertige Motiv auf dem blauen Karton befestigen und durch alle weiteren Motive wie Sonne und Wolken ergänzen. Los geht die Fahrt!

Mein Tipp für Sie

Alles im Rahmen Das Bild kommt besonders gut zur Geltung, wenn man es einrahmt. Sie können den Rahmen (40 cm x 60 cm) passend zum Hintergrund in Blau wählen oder einen farblichen Kontrast setzen.

Herzlich willkommen!

ein einladendes Wort in jeder Sprache

MOTIVHÖHE
ca. 23 cm

MATERIAL
* Fotokarton in Weiß und Mittelblau, A3
* Fotokartonreste in Californiablau, Dunkelblau, Rosa, Blau-Weiß kariert, gestreift und gepunktet
* Tonpapierrest in Weiß
* Motivlocher: Blüte, ø 2,5 cm
* Blütenband in Weiß, ca. 1,5 cm breit, 60 cm lang

VORLAGE
Bogen 1A

1 Alle Motivteile werden auf den entsprechenden Fotokarton übertragen und ausgeschnitten. Die Gesichter der Figuren aufmalen und die Wangen röten. Einzelne Teile mit Punkten, Streifen und Spiralen verzieren.

2 Die beiden Teile des Schildes zusammenkleben und die Buchstaben darauf befestigen. Danach die zusammengefügten Tiere und Blüten positionieren und zuletzt das Schild am Blütenband aufhängen.

Mein Tipp für Sie

Farbwelten Dieses Willkommensschild habe ich ganz in Blautönen gehalten. Sie können das Schild aber auch farblich passend zu Ihrer Einrichtung oder der Farbe Ihrer Haustür abwandeln. Natürlich spricht auch nichts dagegen, tief in den Farbtopf zu greifen und das Schild ganz bunt zu gestalten.

Hasen in Aktion

ausgelassen und fröhlich

MOTIVHÖHE
ca. 8 cm bis 14,5 cm

MATERIAL
* Fotokarton in Apricot, A4
* Fotokartonreste in Californiablau, Meergrün, Gelb, Orange, Eosin, Weiß und Violett
* 4 Holzwäscheklammern in Rot, 8 mm breit, 2,5 cm lang

VORLAGE
Bogen 1A

1 Alle Motivteile wie in der allgemeinen Anleitung beschrieben auf Fotokarton übertragen und ausschneiden. Die Gesichter gestalten und die Wangen röten. Einzelne Fotokartonteile werden mit Mustern wie Punkten und Strichen verziert.

2 Die Figuren aus den Einzelteilen zusammenfügen und die kleinen Holzklammern ankleben. Das lustige Hasen-Quartett kann nun an eine Kordel oder einen anderen Gegenstand geklammert werden.

„Holzklammern nur für die Wäsche?"

Beim Wäscheaufhängen habe ich neulich ein kleines Kuscheltier meiner Tochter gefunden, das ich aus Versehen mitgewaschen hatte. Also musste es auch auf die Leine. Aber wie hängt man so ein Tier auf? An den Ohren, an den Pfoten, am Schwänzchen? So wurde die Idee zu den kleinen Figuren, die mit einer Wäscheklammer befestigt werden, geboren.

Das Eier-Haus hat viele lustige Bewohner, die mit Ostervorbereitungen beschäftigt sind ... oder es sich einfach nur gut gehen lassen.

Ostereier-Hochhaus

mit vielen netten Bewohnern

MOTIVHÖHE
ca. 63 cm

MATERIAL
* Fotokarton in Dunkelblau, A2
* Fotokarton in Weiß und Hellgrün, A3
* Fotokarton in Hellbraun, Lila, Pink, Apricot und Violett, A4
* Fotokartonreste in Meergrün, Gelb, Rot, Hell- und Dunkelorange, Eosin und Rosa
* 5 Strasssteine in Silber, ø 2 mm
* evtl. Bilderrahmen, 50 cm x 70 cm

VORLAGE
Bogen 2A + 4A

1 Alle Motivteile übertragen und ausschneiden. Einzelne Teile mit Mustern wie Punkten und Streifen verzieren. Die Gesichter werden mit schwarzem Filzstift aufgemalt und die Wangen mit Buntstift gerötet.

2 Das Eierhaus erhält Türen, Dächer, Fenster, den Fuß und die Holz-Stützkonstruktion. Nun werden die Wiese, die Leiter und die zusammengefügten Tiere aufgesetzt. Das Vogelhaus wird zusätzlich mit Strasssteinen verziert.

3 Das Haus wird samt den Einzelteilen auf dem blauen Karton (50 cm x 70 cm) platziert. Nun kann das Bild gerahmt werden.

„Ein kleines, weißes Haus“

Die Idee des Eier-Hauses kam mir, als ich dieses Gedicht gelesen habe:

Ich weiß ein kleines, weißes Haus,
hat keine Fenster, keine Tore,
und will der kleine Wirt heraus,
so muss er erst die Wand durchbohren.
(Volksgut)

Gut gelauntes Trio

drei Häschen auf der Wiese

MOTIVHÖHE
ca. 12,5 cm

MATERIAL
* Fotokartonreste in Weiß, Gelb, Orange, Hell- und Meergrün, Apricot, Rosa, Eosin, Lila, Californiablau und Hellblau

VORLAGE
Bogen 4A

1 Alle Einzelteile werden auf Fotokarton übertragen, ausgeschnitten und mit Gesichtern und Mustern gestaltet. Die Wangen der Häschen werden mit Buntstift gerötet.

2 Die gemusterten Ohren und Schleifen auf den Hasen fixieren und das Trio auf der blumengeschmückten Wiese platzieren. Zum Schluss die leckere Möhre vor das Motiv legen.

Exklusives Wohnen

Vogelhäuschen de luxe

MOTIVHÖHE
ca. 15 cm

MATERIAL
* Fotokartonreste in Eosin, Californiablau, Gelb, Orange, Meergrün, Lila, Weiß und Himmelblau
* 3 Messingstäbe, ø 2 mm, 32 cm lang
* 54 Strasssteine in Silber, ø 1,5 mm

VORLAGE
Bogen 4A

1 Alle Motive auf den entsprechenden Fotokarton übertragen und ausschneiden. Einige Teile werden mit Mustern bemalt oder mit Strasssteinen beklebt.

2 Die Vogelhäuschen aus den Einzelteilen zusammensetzen und mit Schmetterlingen, Vögeln, Hasen, Blumen und Eiern schmücken. Das Häuschen sieht sowohl mit Sitzstange als auch ohne sehr nett aus.

3 Zuletzt werden die Messingstäbe angeklebt. So finden die hübschen Stecker einen Platz im Grünen.

Drei Häschen in fröhlicher Erwartung: Was wohl heute aufgetischt wird? Vielleicht kann man ja auf Möhrengemüse hoffen?

Wenn Gäste kommen

Lasst es euch schmecken!

MOTIVHÖHE
Tischkarten ca. 10 cm bis 12 cm
Blumen ca. 10,5 cm
Serviettenhalter ca. 12 cm

MATERIAL
TISCHKARTEN UND SERVIETTENHALTER
* Fotokarton in Lila und Violett, A4
* Fotokartonreste in Eosin, Californiablau, Gelb, Weiß und Apricot
* Motivlocher: Blüte, ø 2,5 cm

BLUMEN
* Fotokarton in Hellgrün, A4
* Fotokartonreste in Meergrün, Rosa, Eosin und Violett

VORLAGE
Bogen 2B

Tischkarten und Serviettenhalter

1 Die Einzelteile werden gemäß der Vorlage ausgeschnitten. Die Gesichter werden aufgemalt und einige Motivteile mit Mustern wie Pünktchen und Streifen verziert. Die Tischkarten und Serviettenhalter entlang den gestrichelten Linien knicken und zusammenfügen. Das schraffierte Feld auf der Vorlage ist übrigens die Klebefläche.

2 Die Karten und Serviettenhalter mit Namen versehen und alle Einzelteile wie in der Abbildung gezeigt aufkleben.

Blumen

1 Die benötigten Fotokartonteile übertragen und ausschneiden, dann die Muster aufmalen. Die pinkfarbenen Punkte auf der violetten Blüte werden mit einem Bürolocher ausgestanzt und aufgeklebt.

2 Die Blattformen mit Stängel werden an den gestrichelten Linien gefaltet und zusammengeklebt. Zuletzt die Blüten beidseitig ergänzen – schon fertig!

Tom
Till
Kim

Lustige Hühner

dreimal anders

MOTIVHÖHE
Hühner ca. 6,5 cm bis 9 cm

MATERIAL
* Fotokartonreste in Weiß, Orange, Eosin, Meergrün und Californiablau

VORLAGE
Bogen 3A

1 Die Motivteile werden wie in der allgemeinen Anleitung beschrieben übertragen und ausgeschnitten. Die Muster und Gesichter aufmalen, die Wangen röten.

2 Die Kämme und Beine werden hinter die Körper, die übrigen Teile daraufgeklebt.

3 Zum Schluss werden die Hühner mit den Blumen zu einer hübschen Kette verbunden.

„Einfach zum Schmunzeln“

Jedesmal, wenn ich diese kecken Hühner sehe, muss ich schmunzeln. Deshalb kann ich gar nicht genug damit dekorieren: Karten, Osterstrauß, Geschenke ... überall passt eines der fröhlichen Hühner.

Wer guckt denn da?

ein Fensterplatz mit bester Aussicht

MOTIVHÖHE
ca. 21 cm

MATERIAL
* Fotokarton in Lila und Dunkelorange, A4
* Fotokartonreste in Apricot, Hellgrün, Violett, Gelb, Eosin, Rot, Rosa, Weiß und Schwarz

VORLAGE
Bogen 2B

1 Alle Motivteile auf Fotokarton übertragen und ausschneiden. Die Gesichter werden aufgemalt und die Wangen gerötet. Einige Einzelteile werden mit Mustern verziert.

2 Das Fensterkreuz auf den orangefarbenen Hintergrund kleben, dabei aber nur den äußeren Rahmen mit Klebstoff bestreichen. In den Öffnungen werden die Figuren samt Tulpe und Herz positioniert. Zum Schluss die Blüte ergänzen.

Streifen – quer oder längs – sind total im Trend, finden die Hühner. Die Marienkäfer stehen dagegen eher auf Punkte. Dem Häschen und dem Huhn sind modische Fragen ziemlich egal: Hauptsache, alle sind fröhlich und zufrieden.

Frühlings- und Ostergrüße

zum Verschicken und Verschenken

MOTIVHÖHE
Karten ca. 10 cm und 21 cm
Marienkäfer ca. 12 cm

MATERIAL

KARTEN

* Fotokartonreste in Rosa, Violett, Lila, Altrosa, Eosin, Weiß, Meergrün, Californiablau, Rot, Hellgrün, Orange, Apricot und Gelb
* 14 Strasssteine in Silber, ø 2 mm

GESCHENKTÜTE

* Geschenktüte in Gelb, 15 cm x 36 cm
* Fotokartonreste in Orange, Schwarz, Rot, Eosin, Violett, Gelb und Hellgrün

VORLAGE
Bogen 3A

1 Alle benötigten Einzelteile auf Fotokarton übertragen und ausschneiden. Die Gesichter aufmalen, Wangen röten und einige Fotokartonteile mit Mustern versehen. Zwei Strasssteine werden auf das Rasenstück der Karte mit Hase und Huhn geklebt, den Rest entlang des Randes der Hühnerkarte anbringen.

2 Die Motive werden wie auf dem Foto abgebildet zusammengefügt und auf die Karten und die Geschenktüte geklebt.

„Du bist mir wichtig!“

Wenn ich jemandem eine besondere Freude machen möchte, dann gestalte ich gerne eine Karte oder die Geschenkverpackung selbst. Ich finde, das ist die schönste Art auszudrücken: Ich denke an dich und du bist mir wichtig.

HALLO

Frohe Ostern

wünschen wir euch

MOTIVHÖHE
ca. 17,5 cm

MATERIAL
* Fotokarton in Hellgrün, A4
* Fotokartonreste in Apricot, Weiß, Rosa, Gelb, Eosin, Meergrün, Mittelbraun, Schwarz, Mittelblau, Lila, Hell- und Dunkelorange, Hell- und Dunkelrot
* Kordel in Rosa, ø 2 mm, 40 cm lang

VORLAGE
Bogen 3B

1 Alle Einzelteile werden wie in der allgemeinen Anleitung beschrieben auf Fotokarton übertragen und ausgeschnitten. Die Gesichter aufmalen und die Wangen röten. Auf einige Fotokartonteile werden mit Filz- und Lackmalstift Muster gemalt.

2 Die Buchstaben wie auf der Abbildung aufkleben. Die einzeln zusammengefügten Motive werden auf dem Schild positionieren, die Blüten ergänzt und die Kordel am Schild befestigt.

Mein Tipp für Sie

Sehr variabel Natürlich können Sie die kleinen Tiere auf dem Frohe-Ostern-Schild auch „zweckentfremden". Sehr hübsch sind sie auf Tisch- oder Grußkarten. Teilweise können sie auch als hübsche Anhänger den Osterstrauß schmücken.

Drei Häschen haben sich zu den Schafen gesellt. Ob sie ihnen wohl beim Einschlafen helfen können?

Schäfchen-Mobile

Schlaf gut und träum' süß!

MOTIVHÖHE
Mond mit Schaf ca. 15,5 cm
Schaf auf Wolken ca. 11 cm

MATERIAL

* Fotokartonreste in Eosin, Californiablau, Weiß, Rosa und Lila
* selbstklebende Hologrammsterne in Silber, ø 1,5 cm und 1,3 cm
* Füllwatte
* Holzstab, ca. ø 8 mm, 30 cm lang
* Kordel in Rosa, ø 3 mm, 50 cm lang

VORLAGE
Bogen 3B

1 Die Einzelteile der Motive werden auf Fotokarton übertragen und ausgeschnitten. Die Gesichter mit schwarzem Filzstift aufmalen und die Wangen mit Buntstift röten. Einige Fotokartonteile mit Mustern verzieren. Die Hologrammsterne aufkleben.

2 Die einzelnen Motive zusammenfügen und auf den Mond bzw. die Wolken kleben.

3 Die Watte wird mit Klebstoff an der Holzstange befestigt. Die Sterne werden auf die Wolke geklebt und die Schafe mit Bindfaden daran aufgehängt. Das ganze Motiv an der rosafarbenen Kordel befestigen.

„Bei süßen Träumen in der Nacht geben diese Schäfchen acht."

Schafe sind ja bekanntlich die hilfreichsten Tiere, wenn es ums Einschlafen oder Schlummern geht. Schließlich müssen sie sich immer sportlich betätigen und über Zäune springen, wenn jemand einschlafen möchte und anfängt, Schäfchen zu zählen.

Froschballett

lustiger Eiertanz

MOTIVHÖHE
ca. 9,5 cm bis 12,5 cm

MATERIAL
* Fotokarton in Hellgrün, A4
* Fotokartonreste in Eosin, Californiablau, Gelb, Orange, Weiß, Rot, Rosa, Lila, Himmelblau und Meergrün

VORLAGE
Bogen 3B

1 Alle Motivteile auf Fotokarton übertragen und ausschneiden. Die Gesichter aufmalen, die Wangen röten und einzelne Teile mit Mustern verzieren.

2 Die Kleider auf die Froschkörper kleben, die Kronen hinter den Köpfen befestigen, die Köpfe aufsetzen, die gemusterten Eier positionieren und zum Schluss die Arme aufkleben.

3 Das Froschballett wird durch das Wiesenstück mit Tulpen ergänzt.

Mein Tipp für Sie

Traumprinz? Diese Frösche sind so süß geworden, dass ich gerne einen küssen möchte. Aber was würde mein Mann dazu sagen? Vielleicht versuchen Sie es mal, denn neugierig wäre ich schon.

Vögel mit Herz

fühlen sich wohl

MOTIVHÖHE
ca. 36 cm

MATERIAL

* Fotokartonreste in Hell- und Dunkelorange, Gelb, Dunkelrot, Eosin, Hell- und Dunkellila und Meergrün

VORLAGE
Bogen 1B

1 Die Einzelteile werden wie in der allgemeinen Anleitung beschrieben auf Fotokarton übertragen und ausgeschnitten. Die Gesichter aufmalen und die Wangen röten. Die Muster werden – mit Ausnahme des Flickens auf der Schirmmütze – mit weißem Lackmalstift aufgezeichnet.

2 Die Vögel werden aus den Einzelteilen zusammengefügt, auf die Herzen gesetzt und zusammen mit den zweiteiligen Blüten zu einer Kette verbunden.

Frühlingsfreunde

fröhliche Motivkette

MOTIVHÖHE
Hund ca. 14,5 cm
Bienen ca. 10 cm

MATERIAL
* Fotokartonreste in Weiß, Gelb, Orange, Himmel- und Californiablau, Hell- und Meergrün, Eosin, Rosa und Pink

VORLAGE
Bogen 4A

1 Alle Einzelteile auf Fotokarton übertragen und ausschneiden. Die Gesichter und Muster aufzeichnen und die Wangen mit Buntstift röten.

2 Den Hund samt dem Küken, der Blume und dem gepunkteten Ei auf den Korb kleben, in dem sich bereits zwei Eier befinden.

3 Die Bienen erhalten ihr gestreiftes Kleid und den Haarschopf. Emsig fliegen sie mit den Blumen umher. Ein Faden verbindet die Motive zu einer lustigen Kette.

Dekorative Elemente wie Blümchen oder Herzen geben dem Geschenk den letzten Schliff.

Nett verpackt

ein Lächeln schenken

MOTIVHÖHE
ca. 11 cm bis 16,5 cm

MATERIAL

* Fotokartonreste in Hellbraun, Orange, Hellgrün, Himmelblau, Lila, Californiablau und Gelb (Hase); Rosa, Weiß, Eosin, Orange, Californiablau, Hellgrün und Lila (Katze); Gelb, Rosa, Eosin, Lila, Meergrün und Braun (Ente)
* Tonpapierrest in Weiß
* Plastikwäscheklammern, 1 x in Gelb, 1 x in Lila, 2 x in Weiß, 8 mm breit, 2,5 cm lang
* Motivlocher: Blüte, ø 2,5 cm
* evtl. Kordel in Weiß
* evtl. Silberdraht

VORLAGE
Bogen 4B

1 Alle Einzelteile werden wie in der allgemeinen Anleitung beschrieben auf Fotokarton übertragen und ausgeschnitten. Die Gesichter gestalten und Muster aufmalen. Die Wangen mit Buntstift röten.

2 Die lustigen Gesellen ankleiden und die Accessoires wie auf der Abbildung fixieren. Die fertigen Anhänger von innen an einen Griff der Wäscheklammer kleben.

3 Das verpackte Geschenk mit einem Draht oder einer Kordel umwickeln und das Motiv mit der Klammer anheften.

4 Die Pakete können mit weißen Punkten verziert und mit Herzchen und Blumen dekoriert werden.

Mein Tipp für Sie

Angeklammert Natürlich können Sie die Figuren auch „an anderer Stelle" festklammern. Am Osterstrauß beispielsweise machen sie sich sehr schön. Oder Sie spannen eine Schnur quer übers Fenster und hängen die lustigen Tierchen daran auf.

Vor lauter Aufregung hat der Hase eine Socke verloren – und merkt es noch nicht einmal, weil er sich ganz darauf konzentrieren muss, das Gleichgewicht zu halten. Schließlich darf das kleine Küken auf keinen Fall herunterpurzeln.

Frühlings-Akrobaten

lustige Tierpyramide

MOTIVHÖHE
ca. 26 cm

MATERIAL
* Fotokartonreste in Hellorange, Gelb, Weiß, Hell- und Meergrün, Lila, Eosin und Rosa

VORLAGE
Bogen 4B

1 Alle Einzelteile auf Fotokarton übertragen und ausschneiden. Die Gesichter und Muster werden mit Filz- und Lackmalstift aufgemalt, die Wangen mit Buntstift gerötet.

2 Nun werden alle Einzelteile zusammengesetzt – bis auf das Halstuch des unteren Hasen.

3 Die lustigen Gesellen werden zur Pyramide gestapelt, dann wird das Halstuch ergänzt. Nun noch die Tulpe und die Blüten als zusätzliche Dekoration anbringen – fertig!

„Kleine Akrobaten"

Die Tierpyramide gehört zu meinen Lieblingsmotiven. Sie werden schnell erraten, von wem ich mich habe inspirieren lassen. Richtig: von den Bremer Stadtmusikanten. Aber es gibt so viele andere Tiere als Esel, Hund, Katze und Hahn, die gerne mal eine lebende Pyramide bauen. Sogar ein kleines Küken kann schon mitmachen.

Angelika Kipp lebt in Ibbenbüren, ist verheiratet und hat drei Kinder. In ihrem Beruf als Diplom-Sozialpädagogin arbeitete sie viele Jahre sehr kreativ mit Kindern, Jugendlichen und Erwachsenen. Anfang der 90er-Jahre entdeckte sie das Büchermachen für sich. Seitdem ist sie als Autorin beim frechverlag tätig und hat mehr als 200 liebevoll gestaltete Bastelbücher herausgebracht. Am liebsten arbeitet sie mit dem Werkstoff Papier. Angelika Kipp hat aber nicht nur gestalterisches Talent, sondern erfindet auch lustige und unterhaltsame Geschichten und Gedichte für Kinder. Die beste Inspirationsquelle sind Urlaube auf der Insel Sylt. Dort entstehen immer die schönsten Bastelideen und fröhlichsten Kindergedichte, die sicher auch in Zukunft noch Bücher füllen werden.

WIDMUNG

Für meine liebe große Tochter Katrin, meinen netten, sportlichen Sohn Marvin und für meinen sehr kreativen – und natürlich lieben – „Nesthaken" Christin.

TOPP – Unsere Servicegarantie

WIR SIND FÜR SIE DA! Bei Fragen zu unserem umfangreichen Programm oder Anregungen freuen wir uns über Ihren Anruf oder Ihre Post. Loben Sie uns, aber scheuen Sie sich auch nicht, Ihre Kritik mitzuteilen – sie hilft uns, ständig besser zu werden.

Bei Fragen zu einzelnen Materialien oder Techniken wenden Sie sich bitte an unseren Kreativservice, Frau Erika Noll.

mail@kreativ-service.info
Telefon 0 50 52 / 91 18 58

Das Produktmanagement erreichen Sie unter:

pm@frechverlag.de
oder:
frechverlag
Produktmanagement
Turbinenstraße 7
70499 Stuttgart
Telefon 07 11 / 8 30 86 68

LERNEN SIE UNS BESSER KENNEN! Fragen Sie Ihren Hobbyfach- oder Buchhändler nach unserem kostenlosen Kreativmagazin Meine kreative Welt. Darin entdecken Sie vierteljährlich die neuesten Kreativtrends und interessantesten Buchneuheiten.

Oder besuchen Sie uns im Internet! Unter www.frechverlag.de können Sie sich über unser umfangreiches Buchprogramm informieren, unsere Autoren kennenlernen sowie aktuelle Highlights und neue Kreativtechniken entdecken, kurz – die ganze Welt der Kreativität.

Kreativ immer up to date sind Sie mit unserem monatlichen Newsletter mit den aktuellsten News aus dem frechverlag, Gratis-Bastelanleitungen und attraktiven Gewinnspielen.

IMPRESSUM

FOTOS: frechverlag GmbH, 70499 Stuttgart; lichtpunkt, Michael Ruder, Stuttgart
PRODUKTMANAGEMENT: Monique Rahner, Katrin Hartmann
LEKTORAT: Katrin Hartmann
DRUCK: frechdruck GmbH, 70499 Stuttgart

Auflage:	5.	4.	3.	2.	1.	
Jahr:	2012	2011	2010	2009	2008	[Letzte Zahlen maßgebend]

ISBN 978-3-7724-3728-1 • Best.-Nr. 3728